地图上的历史足迹

亚历山大东征

U1014811

中国大百科全书出版社

目录

马其顿政权的建立

马其顿帝国原本是希腊的一个城邦，历代统治者都是血统高贵的战士。公元前359年，腓力二世继承王位之后，马其顿迅速崛起，从此，这个小小的城邦便登上了历史的舞台。

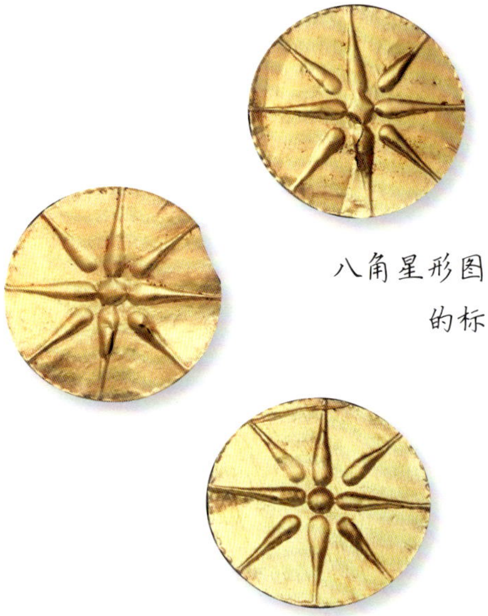

八角星形图案是马其顿的标志。

①

刚刚登基的腓力二世所下的第一条命令就是强化军备和占领出海口。他一边野心勃勃地计划着征服整个希腊，一边不断引进和吸收希腊的先进文明。

刻有腓力二世头像的钱币

②

希腊的各个城邦联合起来，组成了一个对抗马其顿的希腊联盟并整军备战，可是希腊联军内部协调不利，军心涣散，只是一群乌合之众。两军交战，腓力二世带领马其顿军队击溃了希腊联军，并将领导希腊联盟的城邦底比斯夷为平地。

③

在马其顿军队的铁蹄之下，整个希腊都被腓力二世收入囊中，希腊的子民十分爱戴这位慷慨而贤明的君主。腓力二世还有一个前无古人的计划，即攻陷庞大的波斯帝国，掠夺波斯的奇珍异宝。

腓力二世之墓

昔日的帖撒罗尼迦，现在被称作塞萨洛尼基城。马其顿王陵位于离它不远处的**韦尔吉纳**考古遗址，腓力二世之墓也在王陵之内。火葬之后，古代君王们的骨灰被收集于一座金棺之内，故得以保存至今。

④

在部署进攻波斯的军事行动期间，腓力二世突然遇刺身亡。刺杀他的计划蓄谋已久，凶手是一位对他不满的贴身侍卫。于是，腓力二世的儿子亚历山大继承了帝国王位。

传奇英雄的童年

亚历山大继承马其顿王位时年仅20岁。他从小英勇过人，有着丰富的想象力，对周围的一切充满了无穷的兴趣。因此亚历山大不仅仅满足于领军作战、拓展疆土，而且还梦想着征服新发现的世界。

母亲的心

亚历山大是腓力二世与奥林匹亚斯之子，**奥林匹亚斯**原为伊庇鲁斯国的公主。根据希腊神话传说，奥林匹亚斯的父亲是大力神**赫拉克勒斯**的后代，而她的母亲则继承了希腊勇士**阿喀琉斯**的血统。民间传言，亚历山大也许是奥林匹亚斯与波斯国王"偷情"的果实，甚至还有一种说法认为他是奥林匹亚斯与下凡的宙斯所生之子！显然，这是亚历山大的母亲在为儿子那英勇的传奇经历增添神话色彩。

这个纯金吊坠上所雕刻的头戴轻纱的女人可能就是奥林匹亚斯。

一位伟大的老师

亚历山大曾师从于古代最伟大的智者之一——**古希腊哲学家、科学家亚里士多德**，跟随他学习科学、医学、人文艺术和希腊语言。亚里士多德还将一些地理知识传授给这个马其顿少年，告诉他地球是圆的，并且有一片巨大的海洋围绕着我们周围已知的陆地。

布塞菲勒斯的意思是“公牛的头”，
后来这个名字衍生为名词，
专指色萨利地区的一种马匹。

密不可分的挚友

一天，腓力二世买下了一匹**性子暴烈的黑马**，但这匹马不让任何人接近它。年轻的亚历山大请父王同意让他来驯服这匹马，令人震惊的是，他竟然成功了。后来，这匹马被赐名为“**布塞菲勒斯**”，成为亚历山大亲密的战友，并见证了亚历山大大帝一生的宏图霸业。

我的身体里流淌着
赫拉克勒斯和阿喀琉斯的血液，
我一定不辜负这两位伟大英雄之名……

披甲上阵的学者们

亚历山大的军队里除了英勇善战的士兵外，还有**科学家**、**历史学家**、**地理学家和建筑师**。他们的任务是记录每一个被征服地区的详细信息，他们和亚历山大一样，对未知的世界充满了好奇。

亚里士多德向亚历山大讲述了
荷马史诗《伊利昂纪》中所记载的，
希腊军队攻陷特洛伊城的故事。

东 征

亚历山大仅用了12年就建立了一个版图包括希腊、小亚细亚、中东和埃及在内的巨大帝国，不仅如此，他还向亚洲扩张，征服了现今的巴基斯坦、阿富汗和印度北部地区。

这不仅是一场重大的军事行动，也是一次探索未知世界的冒险旅程，亚历山大的东征缔造了一段又一段不可思议的历史传奇，闻名千古。

我完成了父亲的遗愿……
不仅如此，我还开疆拓土，使马其顿帝国位列世界史上最伟大的帝国之一……

希腊文化的传播

在东征战场上捷连告捷的同时，希腊文化也赢得了它的胜利。这得益于亚历山大聪明的统治策略——用**希腊文化**教化和融合被征服地区的民族，以传播希腊文化促进民族融合。通过这一策略，在这个特殊的历史时期——希腊化时代，孕育了一个混合文明，史称“**希腊化文明**”。

出土于希腊萨莫色雷斯岛的著名的胜利女神像就是希腊化时代的艺术杰作。

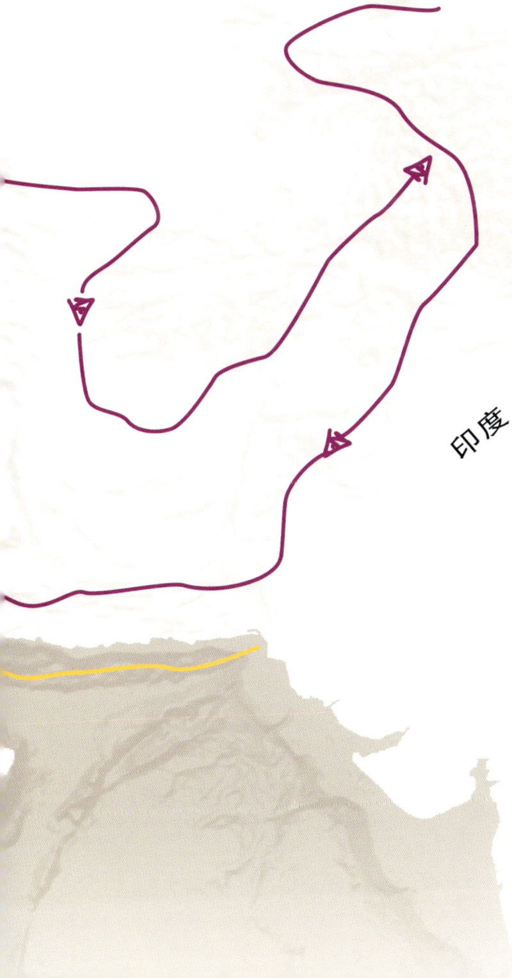

英雄梦短

亚历山大所建帝国随着他的去世即刻分崩离析，各地将领纷纷占地为王，割据一方，多年来战争不断。这些由原帝国将领所建立的一系列王国史称**希腊化国家**。

托勒密在埃及建立王朝。

塞琉古称霸叙利亚。

亚历山大军队

尽管年轻，但亚历山大拥有作为一个领袖所需的特质：

聪明睿智，英勇善战，不倦不怠。

而且他深受将士们的崇拜，他们随时准备跟随他奔赴沙场。

历史上“大帝（magno）”这个称号一直紧随在亚历山大的名字之后，这个称号源于拉丁文“马格努斯（magnus）”，意思是“伟大的”。

战斗总指挥官

亚历山大善于根据战况的变化而变换**战术**，而且他总是**亲自带兵**对敌人主动出击。战斗结束后，他会立刻从战败者手中夺取**财宝**和**补给品**赐给他的将士们，以作为胜利女神给他们的奖赏。

马其顿方阵

亚历山大改良了父亲腓力二世所创的战斗方阵，使它在攻击时势不可挡，防御时坚不可摧。**方阵由好几排紧密排列的步兵组成**，它的破坏力来自于士兵所装备的巨型长矛，长矛的长度惊人，即使是最后一排的士兵也能将矛头伸到方阵的前方，由此形成一个**布满尖刺的屏障**。在战场上，马其顿方阵就好比是一辆无坚不摧的装甲战车！

战争机器

亚历山大是精通攻城战的专家，他非常善于围攻和征服防守坚固的城池。在亚历山大的军队中，配备有专门用于攻克城池的战争机器：活动攻城塔、攻城槌和可以投掷标枪或重型石块的弹射机。在活动攻城塔上配备有坑道工兵（其任务是拆除障碍物和在敌人的高墙之下挖地道使之塌陷）和浮桥工兵（在水上制造行军通道的人员），以及后勤人员、地形勘测人员和医务人员，甚至还有专门传达消息的通讯员。

骑 兵

亚历山大用兵的创新之处在于配备了骑兵队，并将其训练成一支**优秀的攻击部队**。骑兵队由贵族战士组成，他们身穿厚重的盔甲，手持利剑与长矛，当方阵部队吸引并压制了敌人的主要兵力时，骑兵队便驰马上阵，给予敌军**最后一击**。

强大的对手：大流士三世

从埃及到印度，大流士三世所统治的波斯帝国疆域辽阔。

亚历山大意识到，广阔的疆域会使波斯帝国变得脆弱，

他已经想好了征服它的对策。

如今，我的帝国不断受到叛乱与分裂的威胁，
它好比是个双脚陷入泥潭的巨人……

失败的尝试

大流士三世之前的几任波斯帝王都曾尝试征服**雅典**、**斯巴达**和**其他希腊城邦**。尽管在数量上波斯军队具有压倒性的优势，但他们都未能如愿。希波战争中，波斯军队在**马拉松战役**和**萨拉米斯海战**中惨败。

众王之王

波斯的君主被他们的臣民称为“**沙阿**”，意思是“**众王之王**”。与法老不同，他们虽未被人们奉为神明，但他们的影响力与特权都至高无上……我们很难想象得到。

大流士三世是阿契美尼德王朝的末代君主。

弓箭

这一幅彩釉砖墙上的浮雕来自于**苏撒王宫**，苏撒曾是波斯帝国的都城之一。这幅浮雕刻画了**国王近卫军**中弓箭手的形象。

波斯的建筑风格融合了希腊和埃及的建筑元素。

居民的构成

波斯人、亚述人、巴比伦人、腓尼基人和许多其他民族共同生活在波斯帝国中，他们分别居住在20个省份里。

波斯帝国的主要省份

征服小亚细亚

亚历山大的第一个目标是从陆地进攻波斯的海军基地，先攻占小亚细亚，然后攻占叙利亚和腓尼基。

格拉尼库河战役

于**格拉尼库河**岸，马其顿帝国与波斯帝国军队进行了首次交战，最终以波斯帝国的惨败告终。战后，亚历山大将**300套敌军盔甲**送回雅典，以此纪念公元前480年在希波战争中战死于温泉关战役的列奥尼达以及300名斯巴达勇士。

特洛伊城

伴随着马其顿大军征服小亚细亚的脚步，亚历山大来到了特洛伊城，并决定在此地驻军休息。特洛伊，因荷马史诗《伊利昂纪》中所记载的神话传说而闻名于世。因此，这座神秘的古城成为人们朝拜的圣地：希腊人来这里纪念阿喀琉斯、埃阿斯和《伊利昂纪》中记载的其他英雄；而罗马人也是如此，凯撒大帝、奥古斯都和哈德良都曾来到这里祭拜他们的种族缔造者埃涅阿斯——特洛伊末代国王普里阿摩斯的女婿。

后来，到了中世纪，特洛伊的故事渐渐地被历史的洪流所湮没，甚至那些神话传说和民族记忆也都变得无人问津。直至1870~1890年，德国考古学家海因里希·谢里曼凭借着荷马史诗的文献记载，终于让这座古城“重见天日”。

米利都的剧场

塞尔苏斯图书馆是以弗所最重要的古代建筑之一，建于古罗马统治时期。

米利都、以弗所和哈利加纳苏

亚历山大攻打并解放了当时被波斯帝国统治的希腊城邦：米利都、以弗所和哈利加纳苏。亚历山大虽然**恢复了当地的民主政治**，但也明令禁止他们反抗王权。

谢里曼的妻子穿戴着普里阿摩斯宝藏中的部分珠宝。

普里阿摩斯的宝藏

正当谢里曼的考古挖掘接近尾声时，上天给了他一份意想不到的惊喜。谢里曼在古城的城墙底部有新的发现，他随即支开了工作人员，在他希腊籍妻子索菲亚的帮助下，发现了大量的奇珍异宝！谢里曼命名它们为“普里阿摩斯的宝藏”，但它们并不是出自《伊利昂纪》中描写的时代，它们的历史更早。

地中海的大门

在伊苏斯的战场上，亚历山大与大流士三世进行了第一次正面交锋。

大流士三世惨败而逃，之后，马其顿大军可以畅通无阻地前往中东的各个港口。

腓尼基商船

攻陷推罗

腓尼基人的这座城池建于离地中海东部海岸不远的岛屿之上。亚历山大填海建**堤**使岛屿与陆地连在了一起，并将岛屿围困。这是一场马其顿和腓尼基两国工程师之间的较量，获胜的关键取决于工程技术与战术策略水平的高下。**围攻持续了8个月，最后以推罗的陷落告终。**

伊苏斯战役壁画

这幅保存于那不勒斯考古博物馆的著名罗马壁画描绘了公元前333年的伊苏斯战役。亚历山大骑着布塞菲勒斯，大流士三世乘着高轮战车，透过林立的长矛，他们互相盯着对方。历史上记载，马其顿大军凭借高超的战术以少胜多，迫使波斯王败逃。这次战役的战利品还包括波斯皇帝的营帐和他的金银财宝。不仅如此，波斯皇后也成了亚历山大的囚犯，但亚历山大对她和她的婢女礼待有加。

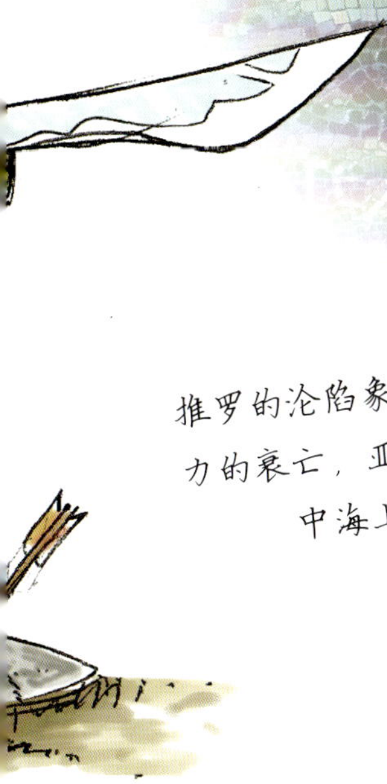

推罗的沦陷象征着波斯海军势力的衰亡，亚历山大已成为地中海上的霸主。

耶路撒冷

圣地耶路撒冷打开城门，和平地归降了亚历山大，并向他呈上**《但以理书》**。《但以理书》是《旧约圣经》中的大先知书之一，书中预言了一位强大的君主将征服波斯帝国。

造访尼罗河

马其顿大军长驱直入，一路急行军到达了埃及。埃及人早就对波斯的暴政感到不满，所以他们不仅没有出兵迎战，反而欢迎亚历山大的到来，并将他视为一位救世主。

我竟被打扮成这副模样，
如果有人胆敢告诉别人，
我就把他压在金字塔下面……

埃及的法老

亚历山大利用这一有利形势，在公元前332年，在孟菲斯举行了盛大的加冕仪式，**成为埃及法老**。

连枷权杖与弯钩权杖是埃及法老的两个独特标志。

另一位伟大领袖

亚历山大对拉美西斯二世怀有深深的敬意。**拉美西斯二世**是一位伟大的法老，在公元前1299年，他率军在埃及与赫梯帝国展开著名的**卡迭石之战**，战争延续十几年。

据记载，双方共有5000辆战车投入了卡迭石之战。

神牛阿匹斯双角之间是太阳盘。

神 牛

在孟菲斯逗留期间，亚历山大去了**神牛阿匹斯庙**。神牛阿匹斯与造物之神卜塔一起被这里的人们所信仰，被视为繁荣富饶的象征，埃及人把这些神看得与法老同样重要。因此，亚历山大的虔诚祭拜令埃及的子民欣喜万分。

法罗斯岛由一条大约1500米长的码头与陆地相连。

亚历山大之城

亚历山大决定在法老的土地上建造一座巨大的城市，用来彰显他的权威。他选择了尼罗河三角洲出海口处的一片土地作为城市建造地点。他亲自画出了规划图，并标明了城墙和广场的位置。这座城市就是如今位于埃及的亚历山大港，虽然在世界历史上有很多城市是用它的伟大领袖的名字来命名的，但亚历山大港是第一个。

亚历山大港之所以能够千秋不朽，不仅因其伟大的修建者，而且还因为它拥有两座闻名世界的建筑物——法罗斯灯塔和亚历山大图书馆。法罗斯灯塔，位于亚历山大港附近的法罗斯岛，被誉为世界七大奇观之一。灯塔得名于其所在的岛屿，法罗斯岛由亚历山大麾下大将托勒密称王埃及后所建，毁于14世纪一场地震中。托勒密还建造了亚历山大图书馆，它是古代世界上面积最大、藏书最多的图书馆，大约于3世纪被大火焚毁。为了纪念这座图书馆，并使它重新担负起文化传播的责任，2002年，重建后的亚历山大图书馆向公众开放，它的藏书量高达800万册呢！

亚历山大图书馆

阿蒙神谕

驻军埃及期间，亚历山大乘车造访了位于撒哈拉沙漠中心一处神秘的地方，这是一段漫长而凶险的旅程……

埃及出土的象形文字，
记载着统治上下埃及的王者，
以及亚历山大大帝的事迹。

① 这个神秘的地方就是位于锡瓦绿洲上的阿蒙神庙。神庙内供奉着头戴双羽冠的阿蒙神。有时埃及人将阿蒙神当作太阳神来信奉。像希腊人所信奉的宙斯一样，阿蒙神也是众神之王。

狩 猎

即使在不打仗的日子里，亚历山大也对冒险活动充满热情，正像这幅镶嵌壁画所描绘的那样，他和他的将军正在比试着**猎杀猛兽**。

② 怀着急切的心情，亚历山大询问阿蒙神，并得到了神谕，但他并没有将神谕的内容透露给任何人，也没人知道他询问的是什么事，也许他想让阿蒙神告诉他，他是否能够征服世界；或问询是否应该全部缉拿那些参与刺杀他父亲的凶手；又或请阿蒙神确认，他是否确实是希腊神明的后代……

亚历山大被刻画得如同太阳神一样。

我希望神明能揭示我的过去并预言我的未来……此刻，我的内心备受煎熬……

波斯帝国的覆灭

亚历山大重返亚洲战场，并于公元前331年赢得了高加米拉战役的胜利。此役之后，马其顿大军继续向亚洲腹地进军，对于希腊人而言，他们对这片土地完全未知。

①

高加米拉位于尼尼微境内，此次会战中，大流士三世率领由波斯人、巴比伦人、阿富汗人和印度人组成的军队，此外还包括许多刀轮战车和一支由亚洲游牧民族所组成的强大的装甲骑兵。虽然亚历山大在兵力数量上处于劣势，但他还是将波斯军队击溃。大流士三世再次被迫逃跑。

苏撒王宫的装饰

②

亚历山大并没有急于展开对大流士三世的追击，而是先带兵前往神秘的巴比伦城，之后渡过底格里斯河，迫使苏撒城投降。在苏撒，除了有几个波斯国王建造的宫殿外，还有一个巨大的帝国金库，亚历山大将金库洗劫一空。

③ 之后，亚历山大挥兵南下，占领了波斯波利斯城。那里拥有一个更大的帝国宝库，亚历山大征用了10000头骡子和5000匹骆驼才把里面的宝藏全数运走。一番掠夺蹂躏之后，马其顿军队焚毁了皇宫，使之化为焦土。

④ 亚历山大对大流士三世紧追不舍，一路来到了伊朗境内海拔超过1800米的山脉地带——埃克巴塔纳地区。最终找到大流士三世时，他已经众叛亲离，被叛军暗杀身亡。亚历山大下令把大流士三世的遗体运回了波斯波利斯，在这里为这位“伟大的”敌人举行了一场庄严的葬礼。之后，亚历山大率领大军翻越了厄尔布尔士山脉，抵达了里海海岸。

亚洲的中心

从此刻开始，亚历山大在行军中不仅需要防范敌人的偷袭，还必须应对那些陌生而艰险的自然环境：沙漠、荒原、险峰和激流，它们对大军的行进造成了重重阻碍。

老战友

由于衰老和伤病，亚历山大最忠诚的战友“**布塞菲勒斯**”死了。为了彰显它的荣誉，亚历山大修建了一座城市，并命名为布塞法利亚（今杰赫勒姆，位于巴基斯坦境内）。

荒原与蜃景

为了征服波斯帝国东端的土地，亚历山大率领大军来到了**亚洲大草原**，这里是游牧民族所生活的土地，位于今阿富汗和乌兹别克斯坦境内。亚历山大还造访了几个**神秘的城市**，如坎大哈、喀布尔和撒马尔罕，它们就像沙漠中的海市蜃楼一样，会忽然出现在地平线上。

一个新对手

波鲁斯国王是印度北部辽阔土地的统治者，他率领军队顽强抵抗马其顿大军的入侵。两军在**希达斯佩斯河**岸的战斗万分惨烈，最后以波鲁斯的失败告终。若不是波鲁斯国王所乘坐的巨象高大凶猛，使敌人无法靠近，或许他在战斗中就被杀死了。

在我归降于马其顿之后，他们对我礼遇有加，而我也向亚历山大宣誓效忠……

千斤重骑

亚历山大的士兵们不得不与印度**战象**作战，战象凶悍的外表和怒吼让希腊的马匹惊恐不已。后来，亚历山大的继承者将这种战象带回了地中海地区。

古时候人们都相信，在高山的顶峰居住着神明。

世界屋脊

横跨阿富汗和巴基斯坦的**兴都库什山脉**与**帕米尔高原**和**喜马拉雅山脉**相连而形成了"世界屋脊"。此前，希腊人从未见过这么高的山峰，神话中宙斯所居住的奥林匹斯山与它们比较起来，显得那么卑微不堪。

世界的尽头

到达印度后，亚历山大一度想继续前进，完成他抵达恒河的梦想，因为那个时代的人们认为，恒河就是世界的尽头……

然而他的士兵们已经精疲力竭，自从跟随他开始这次伟大的冒险以来，他们第一次公然反抗亚历山大的命令。无奈之下，亚历山大只好择路返回。

君主啊，我们别无他求，只想让您明白，现在是该收手的时候了……

亚历山大组建了一支船队，船队在印度河上顺流而下，但途中却是危险重重：盘根错节的丛林，由疟疾引发的高烧。此外，还有潜伏于水下等待猎物的神秘而贪婪的鳄！看到它们之后亚历山大意识到，让帆船在“尼罗河”上游（亚历山大错误地认为，印度河为尼罗河的上游）航行是个多么错误的决定……

伊朗的沙漠

海上路线

剩余军队在尼阿卡斯将军的指挥下，自水路返航，他们还肩负**探索海岸地形**的任务。一天，船队遇到了会喷水的海怪——**鲸**！尼阿卡斯命令所有的手下齐声呐喊，高吹喇叭，并用桨击打水面，鲸被这些噪声吓坏了，随即潜入水中，消失得无影无踪。

陆地路线

船队到达印度河**三角洲**后，亚历山大率领一部分军队**沿着阿拉伯海与波斯湾的海岸线**，从陆路返回波斯。这是一次在沙漠中的漫长行军，水与食物的短缺让这段路途艰苦不堪。

从历史到神话

在十几年伟大的冒险活动中，亚历山大走过了约30000千米的行程，并兴建了70多个城市。然而，他探索未知世界的愿望并没有因此而消退。

这位马其顿君主新的目标是，将希腊文化和波斯文化加以融合，巩固帝国的统一，然后向地中海西岸扩张，并击败迦太基人。

一幅波斯细密画和一幅中世纪的画稿，描绘了坐在王座之上的亚历山大。

力量与勇气

千百年来，经许多**历史学家和作家**之手，亚历山大的冒险故事才得以流传下来。即使是在要求最严格的历史传记中，亚历山大的个人魅力也难以被忽略，作者怀着钦佩的心情描述了亚历山大那超人的**力量和勇气**，从这些描述中，我们往往能看到**大力神赫拉克勒斯**的影子。

“潜水钟”

据说，亚历山大还是潜水的先驱。

一本史书中曾记载，在修建亚历山大里亚时，亚历山大为了弄清海中的情况，下令用玻璃制造了一个两米多高的透明的大桶，在里面放上食物和油灯，用船只载到潜水点，然后用绳索固定桶身，亚历山大和希腊船队指挥官尼阿卡斯坐在桶里面一同潜入了大海深处，历时整整一天。完成海底探索之后，两位“潜水员”平安无事地返回了地面，这个大桶就是现在潜水钟的雏形。

我多么想骑在布塞菲勒斯的背上走遍非洲和阿拉伯，去见识一下那些充满奇迹和传说的土地……

但历史并没有给他这个机会，亚历山大在巴比伦皇宫逗留期间突然染上重病，高烧不退，最终去世了。那一年是公元前323年。

探险家 亚历山大

在他东征的途中，随行的学者们收集了许多世界各地的资料，这让希腊人对于世界地理有了一个初步的了解。而且，连亚历山大都不知道，他所去过的很多地方都是“世界之最”呢！

撒哈拉沙漠

为了寻找锡瓦绿洲，亚历山大走进了**世界上最广阔的沙漠**——撒哈拉沙漠。它位于**地中海**以南，西起**大西洋**沿岸，东抵**红海**海岸，横贯**非洲大陆**北部，是地球上最不适宜人类居住的地区之一。撒哈拉沙漠有些地方不仅全年无雨，而且白天的气温甚至高达50℃以上……在撒哈拉沙漠里并不都是高大的沙丘，这里还有岩石和砾石。

阿拉伯语中，巨大的沙丘称为“尔格”。

里 海

我们首先要清楚，里海并不是海！从地形上看，它更像一个盆，因此它更接近于湖泊。准确地说，里海是**世界上最大的湖泊**。由于水面广阔，**含盐度高**，因此所有和亚历山大一样到过这里的古人都把它误认作了海。里海的水源主要来自两条大河——**伏尔加河**和**乌拉尔河**。今天，里海的沿岸地区分属5个国家，它们分别是俄罗斯、哈萨克斯坦、土库曼斯坦、伊朗和阿塞拜疆。

在古印度语——梵语中，喜马拉雅的意思是“雪域”。

喜马拉雅山脉

当亚历山大率领军队翻越兴都库什山脉时，士兵们都感到上气不接下气，头晕恶心……显然，他们的身体已经无法适应当时的海拔高度了，而喜马拉雅山脉仍在远处隐约可见！喜马拉雅山脉全长约**2500千米**，耸立着多座世界著名的高峰，其中包括世界第一高峰**珠穆朗玛峰**（8844.43米）和世界第三高峰**干城章嘉峰**（8586米）。

尼罗河

虽然亚历山大没有在亚洲寻找到**尼罗河的源头**——很显然他是错误的，但谁曾想到，直到19世纪中叶，西方探险家在非洲腹地的**大湖区**才找到了它的源头。在最后汇入地中海时，尼罗河已经流经了**6671千米**。虽然有学者认为亚马孙河更长一些，但尼罗河现在仍然被公认为是**世界上最长的河流**。

千百年来，风帆船一直航行于尼罗河之上。

今天的地中海

马其顿，古老的希腊城邦。

指出那些公元前336年以来见证亚历山大大帝东征的城市。

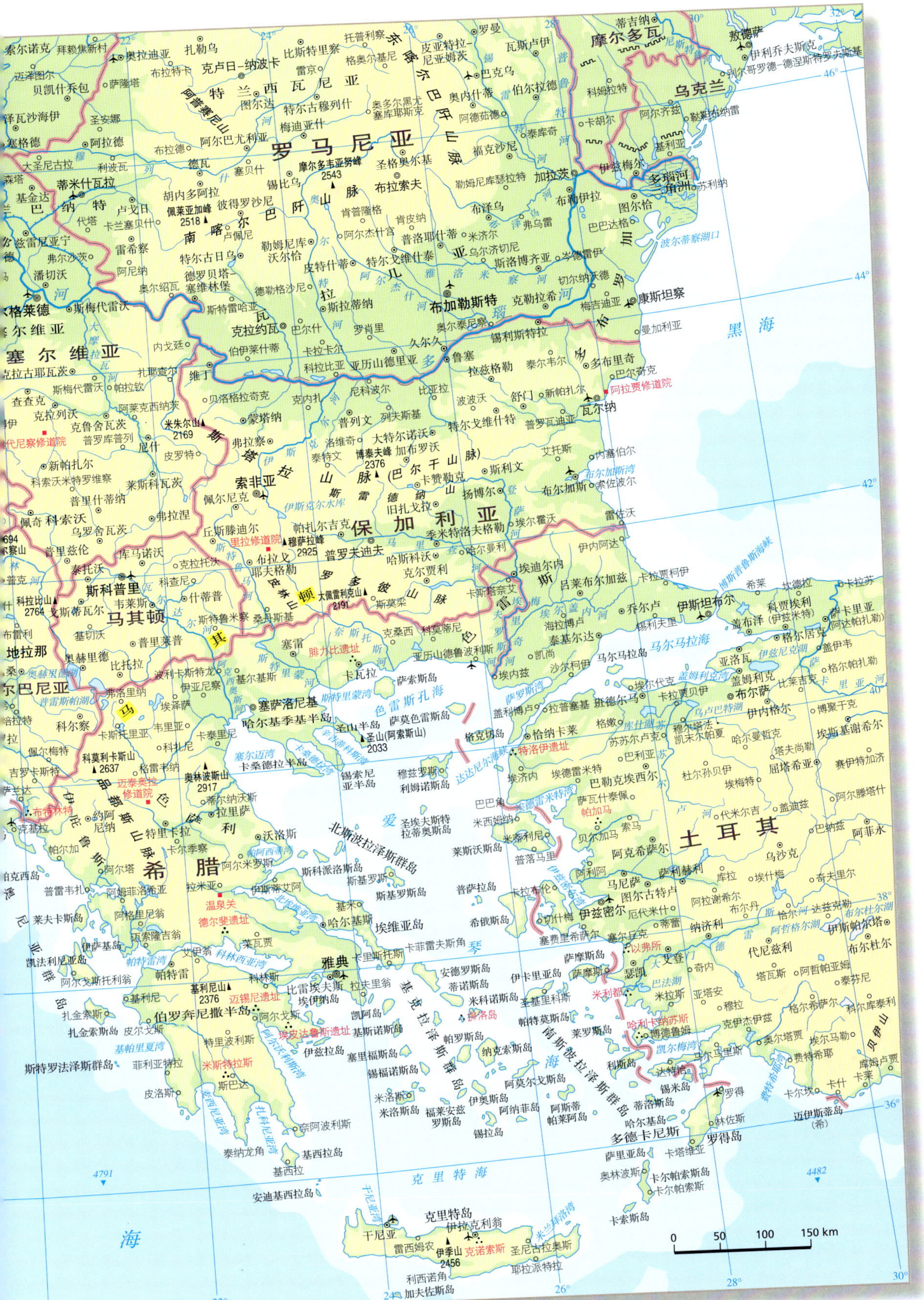

今天的中东与亚洲

到达印度后，亚历山大一度想继续前进，完成他抵达恒河的梦想……

对于那个时代的人们来说，恒河就是世界的尽头。

地中海

试着画出亚历山大大帝的东征路线。

……或者，你也可以发挥想象，
设计一条属于你自己的路线。

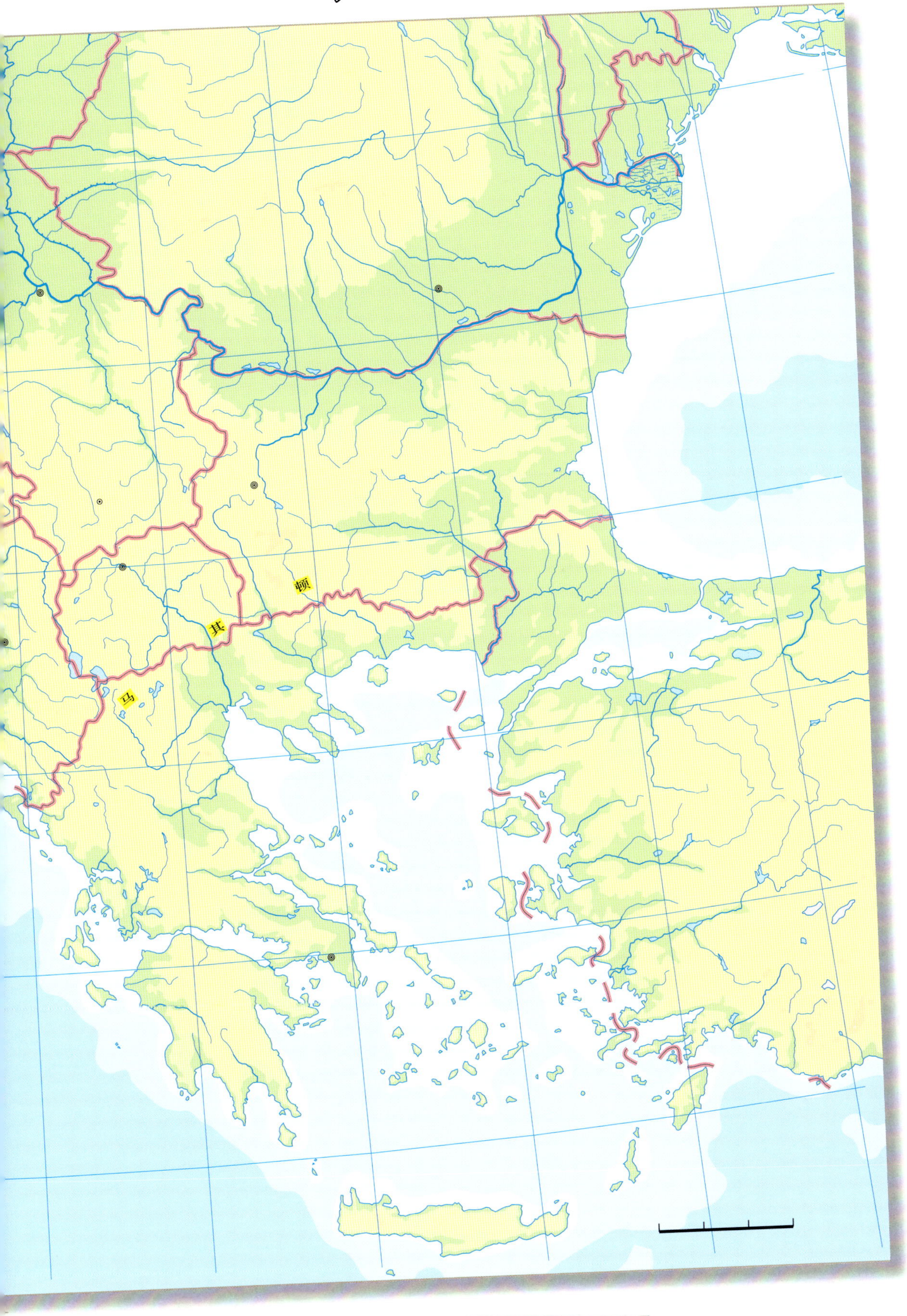

中东与亚洲

亚历山大大帝在亚洲赢得了许多著名战役的胜利，试着在地图上画出它们的位置。

在这片陌生的土地上画出属于你的旅行路线吧！

北京市版权登记号　图字：01-2017-6299

图书在版编目（CIP）数据

亚历山大东征 / 意大利Geo4map公司编著；李亦颂译. -- 北京：中国大百科全书出版社，2018.3
（地图上的历史足迹）
ISBN 978-7-5202-0218-3

Ⅰ. ①亚… Ⅱ. ①意… ②李… Ⅲ. ①亚历山大大帝（前356-前323）—生平事迹—地图集 Ⅳ. ①K835.407=2

中国版本图书馆CIP数据核字(2018)第004545号

译　　者：李亦颂
责任编辑：袁　存
地图编辑：武周芳
美术编辑：朱　天
封面设计：菠萝圈儿
责任印制：魏　婷

出版发行：中国大百科全书出版社
地　　址：北京市西城区阜成门北大街17号
邮政编码：100037
电　　话：010-88390603
网　　址：http://www.ecph.com.cn
印　　刷：北京地大天成印务有限公司
经　　销：全国各地新华书店
开　　本：889毫米×1194毫米　1/16
印　　张：2.5
版　　次：2018年3月第1版
印　　次：2018年3月第1次印刷
书　　号：ISBN 978-7-5202-0218-3
审 图 号：GS（2017）2812号
定　　价：78.00元（全3册）